聖書に学ぶ
人づきあい力

佐藤綾子
SATO AYAKO

マナブックス

喜ぶ者といっしょに喜び、
泣く者といっしょに泣きなさい。

新約聖書・ローマ人への手紙一二章一五節

プロローグ

「どうして女性のほうが男性より長生きなんですか？」

連続して出演している知的バラエティ番組「教科書にのせたい！」（TBS系）のTディレクターが、私の顔をまっすぐに見つめて聞きました。この深遠なる問題に、「パフォーマンス心理学」から答えることはできるのでしょうかと、彼は尋ねたのです。聞いた瞬間、私は即答しました、「できます」と。

もちろん、さまざまな医学的問題は専門家にゆずるとして、パフォーマンス心理学の視点から言えば、次のディレクターのTさん自身のことばの中に、大きなヒントがあるでしょう。彼は、「女性は夫に先立たれても、同性とたくさんおしゃべりしたり、旅行に出かけたら旅先でまたしゃべっている。本当によくあれだけしゃべりますね」と、半ばあきれて聞いたのでした。

確かに、女性は実によく話をします。「人づきあい」が大好きなのです。

さて、この「人づきあい」は、パフォーマンス心理学の欲求分類では、「親和欲求」の表現形になります。これは、人と親しくなりたいという欲求です。自分が感動したことや経験したことを話して、聞いた人がそれに共感してくれる。そのことで自分の気持ちも満足し、共通の情報交換もできて、さらに仲良くなっていく。

このように、女性たちの「親和欲求」は、欲求とその表現というしくみがうまく実行されて、先の「夫亡きあとも長生きする」という結果になっています。

実は、これは私がもう四十年間も続けているパフォーマンス心理学の研究による「自己表現」のしくみから考えても、充分に証明できることです。

私たちの自己表現は、発信者がいれば受信者が必要なので、自分がどんなに言いたいことを叫んでも、だれも聞いてくれたり共感してくれなければ、それはひとつの自己表現としては不完全に終わってしまいます。

人間が「社会的動物」だからです。自分の言ったことを相手が受け止めてくれて、はじめて心が満足し、仕事も成り立って、社会の中で幸せに生きていくことができます。

では、男性の「親和欲求」はどうでしょうか?

もちろん、男性だってだれかと親しくなりたいことでしょう。でも、私の考案した「親和欲求度」を調べる心理テストでは、いつも男性が低いスコアを示しています。

きっと会社などの仕事の目的が人生の目的と重なり、仕事の成果やポジションを上げることに、女性よりも一層、生きがいを感じてきた、という歴史のせいでもあるでしょう。まわりの人と親しくなるというよりは、まわりの人はライバルであり、独りで毅然と戦い、勝利していくのが男だ、と長い歴史の中で信じてきたためでもあるでしょう。これは、ある意味で闘争心の旺盛な男性の宿命かもしれません。

そうなると、話すことばはどうしても「○○が○○した」という、叙事的な最短の文章で終わりがちです。「とてもうれしかった」とか「素敵な気分ですよ」といった叙情的で微細な記述は後回しになってしまいます。

そんな習慣が何年か続いたところで定年退職を迎え、「さあ、まわりの人と仲良くしよう」と思っても、気持ちとは裏腹になかなか上手なことばが出てこない。顔だって、必要以上にニコニコはできませんよ、というのが実情でしょう。これは、はなはだアンチ・パフォーマンスな傾向だというしかありません。

パフォーマンス心理学は、もともと「人間関係づくりを目的とする自己表現のサイエンス」です。つまり、「人づきあい力」をつけていくのが、この学問の目的なのです。

私はパフォーマンス心理学の視点から人づきあいについて、この数年「クリスチャン新聞」に連載もしてきました。でも、ある時ふと見ると、毎朝一ページから数ページずつ読み進めている聖書の中に、「そのヒントがすべて書いてある！」と気づいたのです。そこで、聖書とパフォーマンス心理学を合体させ、読者の心にも、そしてその心の表現方法にも、最強の効果を得たいと思いました。

『聖書に学ぶ 人づきあい力』は、聖書の力に支えられたパフォーマンス心理学のレッスンです。読み進めながら、自然に人づきあいの力が磨かれていくことを心から願っています。

人と気持ちをわけあう　共感の心理学

泣く者と泣き、笑う者と笑え

先日、まったく同じ内容を話しているのに、本人の感情は正反対だという、パフォーマンス学の研究サンプルのような会話に出くわしました。

二人とも内容は、「ウチの主人が細かく私の世話をやくので困るのよ」という主旨。でもAさんはどうやらご主人の自慢をしたかったらしく、注意深く顔を見ると鼻がピクリと動いて心もち胸をそらしています。一方Bさんは定年退職したご主人が一日中世話をやき、Bさん自身がまいってしまって、本当に文字通り「困っている」のです。

そうなると、まったく同じ発言を聞いても、こちらの答えが同じでよいわけがありません。あなたはこの二人の発言から、片方は励まし不要、片方は必要と気づかれるでしょう。問題は相手の発言を正確に聞き、相手の欲求にピタリとした返事を出すこと。そこから両者の人間関係が良いものになっていきます。そうしないで相手の発言を文字面だけで受け止めて、あわてて何かのことばを口に出してしまうと、慰めたつもりが嫌われてしまいます。

このような作業をカウンセリング心理学では共感といい、パフォーマンス学では共感表現をとても大切にしています。共感は「empathy（エンパシー）」と呼びます。「em」という語頭に「pathy（パシー）」というラテン語の「感情」を意味する語幹の組み合わせです。

これと似ているけれども全く違うのが「sympathy（シンパシー）」です。「シンパシー」は同情という単語です。「sym」はラテン語の「ひとつ」ですが、感情を動かす手順が違います。相手の話を聞いて、すぐに相手と同じ感情に切りかえてお悔やみを言うというようなものは同情「シンパシー」です。

一方、「empathy」の「em」は何かひとつの動作を強化し、後押ししていくことです。たとえば、相手がどんな体験をしたのか、相手のバックグラウンドが何なのか、そこまでよく考えた上で、ゆっくりと一歩ずつ、一歩ずつ、その人の今の瞬間まで通ってきた道を、時間をさかのぼって共に歩いてみます。その上で「頑張れ」とか、「あら面白い」、「泣かないで」、といった共感の単語がやっと口をついて出るわけです。

だから、本当に共感しようと思ったらそんなに電光石火で単語は飛び出てきません。「まあっ」と絶句するだけかもしれませんし、肩に手を置いただけでことばが見つからないかもしれません。でもそれでいいのです。相手がどんな気持ちなのか一緒に考えることが大事なのですから、その結果、気の利いた単語は一つも出てこなくて、相手が泣いていれば一緒に泣いて、相手が笑っていれば一緒に笑うだけという結果になるかもしれません。それこそが最高の共感なのです。

聖書のことばがこの極めつけです。「喜ぶ者といっしょに喜び、泣く者といっしょに泣きなさい」（新約聖書・ローマ人への手紙一二章一五節）。ここには気の利いた単語を口から出せとは書いてないのです。相手の気持ちになって自分の動作を起こすとは、こういうことなのだと思います。もしもあなたがよい人間関係をつくりたいとお思いでしたら、

「わかったつもり」の気の利いたことばを急いで口に出すよりも、何も言わなくとも「喜ぶ者といっしょに喜び、泣く者といっしょに泣」けたら、それが最高のパフォーマンスに違いありません。

共感してますか？

聖書の知恵

1

喜ぶ者といっしょに喜び、泣く者といっしょに泣きなさい。

新約聖書・ローマ人への手紙一二章一五節

才能を磨く　与えられたものはあなたの中にある

おのおのその能力に応じて

人に会えば「何もありません」、「何もできません」とマイナス宣伝を繰り返している人がいます。これは聞いた人も不愉快ですが、自分も損をするだけでロクなことがありません。そこで、とっておきの才能探しの三つのポイントをお知らせしましょう。

①人と比べないこと、②自分の顔が輝いている時の動作をよく覚えておくこと、③時間が短く感じられる仕事や遊びが何なのかよく記憶しておくこと。

私たち日本人は、小学生の時から相対評価の中で育ちました。だれかが五を取れば、自分は三か四しかもらえないというのが通知表の相対評価です。こうなるとつい人と比べ自己評価を決めます。「あちらは美人、こちらは美人ではない」、「向こうのご主人は収入が多い、こちらは貧乏だ」、という具合で、これでは幸せの感覚が全部人まかせで主体性がありません。

私たちの価値は一人ひとり絶対評価ではかられるべきものです。なぜならば神さまが一人ひとりに異なった才能を与えているのですから。

第二の顔の輝きについてですが、残念ながらあなたの顔がどんなにすてきでも自分では見えません。シェイクスピアがいみじくも言ったように、「目は己の姿を見ることができない。何かに映してはじめて見える」のですから、だれかが外から「あの時楽しそうだったね、イキイキしていたよ」とくださったコメントを大切にしましょう。その時の動作の中にあなたの才能が隠されているからです。

そして時間についてですが、だれにとってもそれぞれ物理的に流れていく時間の長さは同じですが、好きなことをしていて夢中になっている時間は実に早く過ぎますね。時間を忘れて熱中できるようなことの中に、あなたの得意技が隠されているわけです。

与えられたものに忠実であることを教えたイエスさまのたとえ話で、「彼は、おのおのその能力に応じて、ひとりには五タラント、ひとりには二タラント、もうひとりには一タラントを渡し」（新約聖書・マタイ二五章一五節）とあります。ご主人様は三人のしもべに同じ金額を与えていないのです。五、二、一と小学生でもわかりますが、タラントの数字が違います。タラントは当時のヘブライのお金の単位です。英語では「才能」という意味になり、現在は「あのタレントは芸がうまい」などと使っています。神さまがそのように私たちを造りましたから、一タラントだからといって人をうらやむこともなく、五タラントだからといって人よりおごる必要もありません。「みんな違ってみんないい」のがタラントのいいところです。みんなが大政治家の才能があるとして、日本中が総理大臣になっても国は動きません。みんな種類が違い、サイズが違うからこそ、タラントが大きな社会を動かす原動力となって、集団が一つの動きを機能的にしていくわけです。

まずは三つのヒントでタラントを探しましょう。それがお金になるかならないかは、二の次でしょう。そのタラントに価値があると社会が認めれば、きちんとそれにお金を払ってくれるようになるのですから。しかもタラントを活用して得たお金には「すばらしい仕事をありがとうございます」という感謝のことばや尊敬もいっしょにセットでついてくるのが普通です。
「私には何もない」と言わずに、自分の内側を見つめて才能を探し、それを磨く、これは神さまが喜ぶ私たちの宿題のようです。

あなたのタラントは？

聖書の知恵 2

彼は、おのおのその能力に応じて、ひとりには五タラント、ひとりには二タラント、もうひとりには一タラントを渡し(た)。

新約聖書・マタイの福音書二五章一五節

悪銭身につかず　王道で稼ぎましょう

勇士のとりこは取り戻され

クリスチャンになろうかなるまいか、と迷っていたころのこと、日比谷公会堂で韓国からお越しになった牧師さんの話を聞く機会がありました。ほかのことはみんな忘れてしまったのですが、「クリスチャンは働きなさい。働いてたくさんのお金を稼ぎなさい。そのお金をほかの人を助けるために、良いことのために使うのです」と言われたことだけをなぜかよく記憶しています。

さてこの日本のお金をめぐる狂乱ぶりは何ということでしょうか。時代の寵児だったL社のH氏は証券取引法違反の容疑で逮捕され、「自分にはできないことは何もない」と豪語して大儲けしていたMファンドのM氏も不正なインサイダー取引で逮捕。その後皆さんの記憶にも新しい次々の食品偽装が続きました。飛騨牛の偽装事件、高級料亭の使いまわしで何度も謝罪をくり返すハメになったS社の元社長。より高い利益を求めて、それが不正なことであると承知しつつ突っ走った人たちはきちんと罰を受けています。

一方、数年前、私に面白い年賀状が飛び込みました。心から尊敬している日本最大手の警備保障会社のT社長からです。「バブルの声に浮かれずに不正な誘いを断って本業だけをやってきました。おかげで無事です」というものでした。

T社長には、その財力をねらって、たくさんのあやしげな海外投資などの話が星が降るようにきたとのこと。でもT社長は決然と「NO」と言いました。そして本業の警備だけを正直に続けました。今もどんどん上昇気流に乗っています。

結局私たちの心の中には、どこかお金に対して弱いものがあります。このやり方ならばもっと儲かるかもしれない、と思うのは人間の常でしょう。そこでフラフラと不正取引や偽装に走ってしまう。しかし、そのようにして入ってきたお金は、実はもう一度羽が生えたように出て行ってしまいます。

テレビで何度も顔を映され、不正に対して謝罪を繰り返していれば、その会社が巨額の資金を投じてコマーシャルをうったのとまったく同じか、さらにその数百倍ものマイナスPR効果でその会社はイメージダウンの広告を出したことになります。しかもほとんどの場合、倒産や破産、あるいは会社ごとの身売りを余儀なくされています。

結局のところうまい話に乗らずに、自分の「王道（ロイヤルロード）」だけで稼いでいくことが大切です。物事にはロイヤルロードがあるのです。私たちはみなロイヤルロードを突っ走ろうではありませんか。ロイヤルロードを走っているかぎり、万一、一旦だれかに闘いで負けて、自分の利益や大切な部下をその敵に取られてしまったとしても、必ず神さまがどこかで見ていてきちんと取り返してくれます。ロイヤルロードを走っているかぎりとらわれてしまったもの、取られてしまったものは戻ってくると信じることです。

その極めつけがこのことばでしょう。「勇士のとりこは取り戻され、横暴な者に奪われた物も奪い返される」（旧約聖書・イザヤ書四九章二五節）

あなたの王道は何でしょうか？　その道で稼ぐために朝から晩までシャカリキに働き

ましょう。そして、そのようにして得たお金を多くの人々のために神さまが喜ぶ方法で使っていきましょう。まっとうに稼がないで使いたいというのは、それこそ横暴というものです。

王道で稼いでいますか？

聖書の知恵

3

勇士のとりこは取り戻され、
横暴な者に奪われた物も奪い返される。

旧約聖書・イザヤ書四九章二五節

ネバーギブアップ

仕事はあきらめるな

このごろ大学生が集中力と持続力を失って、九十分の授業がもたない、途中で疲れてぐったりとしてしまう、という話をよく聞きます。若くて活力のある大学生でさえこんなありさまなのですから、日本中の人々が疲れて集中力と持続力をなくしているのもむりはありません。

でも天才と凡人の違いは紙一重。凡人だって一つのことをずっと考え続ければ、ピカリとひらめきがあるわけです。そこをエジソンが「だれでも天才になれる。なれないのは、その人が発明が思い浮かぶ前に考えるのをあきらめてしまうからだ」と、指摘しているではありませんか。

そもそも日本人は根気強いことでは世界に名だたる民族でした。石の上にも三年というわけで、石の上でもしっかりと正座して、お尻の温度でだんだん石が温まってくる、だから、三年は一つの会社を辞めてはいけないよ、などと使ったわけです。

この上をいくのが、さらに時代をさかのぼり面壁九年のフレーズで有名な達磨《だるま》大師です。悟りを開こうという目的をもって、石の壁の前に座り続け、ついに足が動かなくなって退化し、あの「だるまさん」の姿になった、と言われているのですから。

そう思っていたら、ついにネバーギブアップの現代人が現れました。ボストン大学名誉教授の下村脩《おさむ》先生です。先生が海に行っては家族総動員でクラゲを捕まえていたこの年数は、なんと約四十年だと報道されています。一九六〇年にフルブライト留学生として渡米した時点で、すでにオワンクラゲの発光メカニズムを解明していらっしゃいました。それから四十年近くたって、緑色蛍光たんぱく質の発見と生命科学への貢献が理由で朝日賞を受賞されました。その時も、すごいなあ、と日本中の人が目を丸くしました。それがさらに、二〇〇八年にはこの緑色蛍光たんぱく質の研究でノーベル賞を取ってしまわれたのです。

先生は、ごくごく普通のにこやかな顔をして、「このごろの日本は心配だね」とテレビでおっしゃっていました。みんなが夢をなくし、あきらめが早くなってしまっているようです。たとえ夢があっても、それが実現する前に努力をあきらめてしまっている、エジソンのなりそこないばかりが増えてしまったのが昨今です。

でも仕事は絶対あきらめたらいけないのです。私の親しいテンプスタッフの篠原欣子《よしこ》社長が面白いことを言っています。「絶対に一つの仕事をあきらめないでほしい。あきらめなければチャンスはある日パチンと降ってくる」。そのとおりなのです。

聖書がこう言っているではありませんか。「涙とともに種を蒔《ま》く者は、喜び叫びながら刈り取ろう」（旧約聖書・詩篇一二六篇五節）。

だれかが成功すると「あの人はラッキーだった」とか、「ちょうど時のめぐり合わせが良かったのよ」、というようなことを言いますが、すべては何もしない人の言い訳にすぎないのです。

自分の仕事の小さな種を蒔く。それが一日だけでなく、一か月、一年、十年、百年と蒔き続ける。そうすれば必ず「あなたの蒔いた種を刈り取りなさい」、という天の声がどこかから降ってくる時があるのです。その刈り取りの時期を信じられるだけでも幸せではありませんか。

あきらめていませんか？

聖書の知恵

4

涙とともに種を蒔く者は、喜び叫びながら刈り取ろう。

旧約聖書・詩篇一二六篇五節

人はプラスオーラに集まる喜びのコツ

　だれだって毎日生きていれば楽しいことばかりが起きるとは限りません。友情や信頼を失ったり、失業したり、肉親を亡くすこともあるでしょう。たくさんのうれしいこととほとんどセット販売のように、悲しいことや苦しいことや辛いことも起きてくるのが私たちの常です。

　そんな時、つい私たちは、だれかれかまわず自分の辛さを打ち明けたい心境になります。さらにそこで、自分のことを低く言えば、相手が励ましてくれるだろうという無意識下の期待に基づいて「私など何もできない人間です」とか、「記憶力が悪くて何も覚えられない」などと様々なマイナス事項を言います。さて、聞いた人はこれにどう反応するでしょうか。

とりあえずは、何とか励ましてやりたいと思い、まず、相手が発信してきたマイナスのメッセージを打ち消す作業に入ります。まるで「火消し」です。「大丈夫、あなたは頭がいい。あなたは何でもできる」というふうに打ち消して励ましてあげます。

実はこのような自己表現のしかたを「自己卑下的自己呈示」とパフォーマンス学心理学では呼びます。自分の価値を低く言い、それによって、本能的に人からの同情を得ようというわけです。これが一度や二度ならいいのですが、何度も続いていると相手は心の負担をおぼえます。なぜでしょうか。相手もまた、「自分だって同じようにたくさんの苦しみや欠けているところを自覚しつつ、それでも雄々しく闘っているじゃないか」と内心思うからです。励まして頂戴、慰めて頂戴のオーラ（ＡＵＲＡ）を出されるのも、度重なるとストレスになります。そして、人が逃げて行きます。

「ＡＵＲＡ《オーラ》」は、「人または物体から発信される特別な光」です。オーラは、時によりプラスの、時にはマイナスのオーラに分かれます。今、最初に書いたのはマイナスのオーラで、人が逃げます。一方、プラスのオーラは「うれしい、感謝しています、喜んでいます」と人に伝える光です。顔中ニコニコとほほえみを浮かべて目を輝かせて相手を見つめ、明るい声で話す。そんな時のあなたの顔からはプラスのオーラが発生します。それを見て周りの人はこの人と一緒にいるときっといいことがあるに違いない、と思うわけです。どちらも聖書に戻れば、よくよくわかることです。

「いつも主にあって喜びなさい。もう一度言います。喜びなさい」（新約聖書・ピリピ人への手紙四章四節）

神さまは、私たちに何があっても喜べと言っているのです。でも、「喜べないわ。ひどいことばかり起きるから」と私たちはその声に対してすぐに不満を言います。そこで、もう一度、神さまから命令の声が響きます。「もう一度言います。喜びなさい」と。二度も言われてわからないなんて、本当に申し訳ないではありませんか。

もう一度書きましょう。人はプラスオーラに集まるのです。喜ぶコツは、今起きていることがらのすべてに感謝することでしょう。最高のパフォーマンス「ATT（明るく、楽しく、ためになる）自己表現」がここで完成します。

喜んでいますか？

聖書の知恵 5

いつも主にあって喜びなさい。もう一度言います。喜びなさい。

新約聖書・ピリピ人への手紙四章四節

やけ酒、やけ食いではなく
疲労回復のヒミツ

私が、「パフォーマンス学の創始者」、「パイオニア」と呼ばれてから、すでに四十年が経ちます。小さなラーメン屋さんのご主人と一緒で、自分が倒れたらラーメンを食べるお客さんが困りますから倒れることができない。だから頑張っています。

周りの人はそんな私に、「アヤコ先生はどうして疲れないのですか」とよく聞きます。ロボットではないので私も十分疲れるのです。ただ疲れても、すぐに疲労が回復します。本当に不思議です。どうやら、その人が元気に見えるかどうかは、いったん疲れても、疲れからすぐに立ち直って、その結果が毎日元気に見えるかどうかの違いのようです。

私の寝室には面白いボードがかけてあります。アメリカのクリスチャンショップで買ってきたものです。

〝Before you go to bed, give your troubles to God. He will be up all night anyway.〟

（あなたが床につく前に自分の問題をすべて神さまに預けなさい。神さまはとにかく一晩中起きているのですから）

実はこれを、カウンセリング心理学の「無条件の肯定」と「無条件の信頼」から説明できます。何かつらいことがあった時、やけ酒を飲む人がいます。次々と友達に電話をして、その人たちを巻き添えにして、「大変だ！　大変だ！」と言う人もいます。そしてそのまま寝てしまう。次の朝起きた時にお酒は蒸発し、グチを聞いた友達はそれを忘れ、結局のところ何も問題は解決せず元の黙阿弥です。

それに対して、「自分がやるべきことはやった。その結果、ずいぶん疲れたけれど、あとは神さまひとつよろしく」と言える人はなんと幸せでしょうか。「ひとつよろしく」と言えば、必ずよろしいように物事は動いていくに違いない。その無限の信頼感が、その人を強くさせます。そして安心して眠れるのです。心配ごとを抱えていないので、悪夢にうなされることもありません。そして次の朝起きると、あなたの代わりに一晩中起きていた神さまが、物事を良い方へと動かしてくださっていますから、「ではこうしなさい。ああしなさい」と道を示してくださるのです。

私はこれをたびたび経験しています。だから、次の日新しい元気が出てくるわけです。実際には、だれでも疲れること自体に大差はないでしょう。けれど、その疲れの中から立ち直れるかどうか。一人ひとりの信仰が試されるところでしょう。

聖書にこんな面白いことばがあります。

「しかし、主を待ち望む者は新しく力を得、鷲のように翼をかって上ることができる。走ってもたゆまず、歩いても疲れない。」（旧約聖書・イザヤ書四〇章三一節）

「新しく力を得る」というところがミソです。その日は疲れてしまう。でも、次の日新しい元気がわいてくる。このためにはやはり、だれかに重荷をすっぽりと手渡す必要があります。

友人たちにグチを言って疲労を拡散することはやめましょう。やけ酒もやけ食いも、それぞれ酒屋とレストランがもうかり、自分に贅肉がつくだけのこと。何のメリットもありません。神さまによってつくられた自分を肯定し、しっかり祈って無限の信頼感を得られる人が、元手いらずで安らかに眠り、元気を取り戻すことができます。
なんと幸せなことでしょうか。

よく眠れましたか？

聖書の知恵 6

主を待ち望む者は新しく力を得、鷲のように翼をかって上ることができる。

旧約聖書・イザヤ書四〇章三一節

話す意味は何ですか

本当の話し上手、沈黙上手

社会人対象に行っているパフォーマンス学講座のスピーチの授業では、いつもスピーチを三種類に分けます。

一、楽しませたいのか

二、知らせたいのか

三、説得したいのか

この三つの目的のどれを自分が選択して話しているのかがわかっていると、相手との話はうまく進んでいき、相手にも感謝されます。そう考えると私たちの日常でよくある、独身の人を見ると「いつ結婚するんですか?」、結婚した人を見ると「お子さんはまだですか?」、離婚した人には「なぜだったんですか?」、アラ還世代（還暦前後の人）を見れば「お孫さんはまだですか?」と聞くワンパターンが、まったく三つの目的のどれにも該当していないということに気づくでしょう。ただ無意識に「よくある質問」を繰り返しているだけです。相手の迷惑も考えずに。

話すときには、まずこの話をすることの目的は何だろうか、と意識するのが本当の話し上手の第一歩です。そのために時には沈黙も必要です。相手を励ましたり、楽しませたり、安心させたりすることばが見つからないときには、慌てて何か口から場当たり的なことばが飛び出してしまうより、黙っているほうがよほどよい場合もあります。

一般的に、会話の場面では私たちは沈黙を怖がるので「アイスブレイク」という呼び方の技法で、氷のような怖い時間を早く壊そうと試みます。「……そう言えば先日ね○○××」という具合です。でもそんな必要はありません。急いで無理矢理しゃべったことが相手を傷つけてしまうこともあります。聖書にこんなことばがあります。

「軽率に話して人を剣で刺すような者がいる。しかし知恵のある人の舌は人をいやす」
(旧約聖書・箴言一二章一八節)

ことばで人をいやすには、なかなか技術も自分の知識の引き出しも大きくないとできないことです。さらに必要なのが想像力（イマジネーション）です。今、相手は何を悲しみ、何を喜んでいるのか、常日頃はどんな価値観を持っているのか、そんなことへの洞察力が必要です。その上で楽しませたい、知らせたい、説得したいとそれぞれの目的をもって目の前の人を愛情をもって見つめて、何かその人に役立つことを言ってみませんか？　そこから人間関係の第一歩が始まります。

アメリカでベストセラーとなったコンサルティング会社ギャラップ社のトム・ラス氏の本『心の中の幸福のバケツ』にもこのことが別の形で書かれていました。私たちはみんな心の中にそれぞれ幸福のバケツを持っていて、その中からすてきなことばをくみ出して人にあげると、人が持っている幸福のバケツも幸福でいっぱいになる。相手を非難したり、相手の嫌がることばばかりくみ出していると、自分の幸福のバケツのサイズは小さくなり、相手のバケツの不幸が増える、というのです。

相手を幸せにし、自分も幸せでいるために、口から出すことばには、一定の目的意識をもってきちんと用意をしてから話してみませんか。実際の会話はたえず動いていてスピードがありますから、すぐにこのような理想の形を求めても難しいかもしれません。でも、心の中にその意識があるかないかが、あなたの会話の魅力を大きく変えていきます。

それは何の話ですか?

聖書の知恵

7

軽率に話して人を剣で刺すような者がいる。しかし知恵のある人の舌は人をいやす。

旧約聖書・箴言一二章一八節

知性が顔を輝かす

聞かせる内容と言い方を持とう

つい最近のことです。私が主宰している社会人のためのセミナーで、私はストレスコーピングの話をしていました。ストレスにどう対処していくか、という毎年受講生からとてもニーズの高いテーマです。

この日、皆さんのストレスの内容として最高位にきたものは、「配偶者を突然亡くす」というものでした。それは当然そうでしょう。長年連れ添ってきた伴侶や家族を亡くすことは、私たちの心を本当に打ちのめすものです。第二位が、「上司が自分を正しく評価してくれない」、「部下が言うことを聞いてくれない」、「仲間が自分を理解してくれない」などの、「人づきあいのストレス」でした。

さて、この「人づきあいのストレス」は、私たちのコミュニケーションの取り方と大いに関係があるところです。専門的に言えば、私たちの自己表現は常に、発信者とこれを受ける受信者の間で、「相互作用」を繰り返しています。

たとえば、きつい顔で怒りのことばを発信すれば、相手からも同じような表情と同じようなネガティブなことばが返ってきて、両者の「人づきあい」は壊れていきます。相手が聞いて、なにかしら楽しい気持ちになったり、仕事や生活の役に立つ情報を受け取れる話だと、相手からも喜びの表情が返ってきます。この相互作用が、人間関係づくりの好循環になっていきます。

でも私たちの心には、この好循環を、スタートの時点からすでに邪魔をする困った心理的欲求があります。それが、「自分が利口に見られたい」、「わかっていると思われたい」、「空白の時間がこわい」というプライドや恐怖心です。

相手や社会が自分をどう評価しているかが気になって、評価されるための自分をつい演出してしまう。これが、パフォーマンス心理学でいう、「社会的アイデンティティ」の意識過剰です。そんな気持ちが強くあると、その発言には、「ムリ」が出ます。つい、実物大以上の内容を口走ってしまうのもそのためです。これでは、相手からも自然な好感をもらうことができません。では、どうしたらいいのでしょうか。

まず一つは、自分の「良き知識」を一生懸命増やすことです。その知識や情報が、自分のためだけでなく、人のためにも役立つものならすばらしい。私がいつもパフォーマンス学のモットーとしてあげている「ATT（明るく、楽しく、自他のためになる）」の内容を増やしましょう。

もう一つは、目の前にいる相手を理解しようとし、理解のためにこの場があることに感謝する、「聞き手」としての喜びの気持ちを持つことでしょう。相手の話す内容から、さらに何かを知って自分の知識を増やし、生きる知恵として応用していこうとする好奇心や「関与」の気持ち。この話す自信と喜びが、顔の表情筋をぐんぐんと引っ張って動かします。だから、豊かな知恵に満ちた人は、イキイキした顔で話します。相手から学ぼうという気持ちのある人も、顔の表情筋がイキイキとよく動きます。

「人の知恵は、その人の顔を輝かし、その顔の固さを和らげる」（旧約聖書・伝道者の書

八章一節）

自分の内面を豊かにすることによって、話す内容も当然構築されてきます。相手から学んでさらに自分の知恵として消化しようとする人は、その喜びや自信が顔を輝かせていきます。

ATTをしていますか？

聖書の知恵

8

人の知恵は、その人の顔を輝かし、その顔の固さを和らげる。

旧約聖書・伝道者の書八章一節

サーバントリーダーシップが会社を救う

リーダーは目線をどこにおくのか

厳しい経済の状況下で、今までなあなあ、まあまあで見過ごしていた経営のあり方を、真剣に見つめ直しコンプライアンスを問う時代になりました。自分の会社がやっている仕事は社会的に意義のあることなのか。正しく行われているのか。法令を順守しているのか。それを問う良い機会かもしれません。そのような世相の中で、ごく最近では千葉市の現役の市長が、市の工事をめぐる収賄罪で逮捕されました。公益法人漢字検定協会の理事長父子も私腹を肥やしたことが明るみにでて、今、検察の手が入っています。

さて、こうならないために、リーダーはどこに目線を置いたらいいのでしょうか。「黙って俺について来い。儲けるようにしてやるから」というやり方がもはや通用しないのはいうまでもありません。

私が今、一番注目しているのはサーバントリーダーシップの考え方です。「サーバント」は文字通り「召使」です。では、リーダーはだれの召使になるというのでしょうか。「社会の召使」になるのです。この考え方は、アメリカのAT&TのロバートＫ・グリーンリーフが一九〇〇年代初頭に提案しました。彼は、リーダーが強引に命令して全体を支配するのではなく、リーダーはまず社会に仕える者として奉仕していく姿を明確に打ち出す。その上で、自分の行動の延長線上に部下たちも動いてほしいと説明し、方向性を理解した社員たちが正しい方向に自然に動き出す、というものです。そのためには、常にポリシーを説明し、ディスカッションをし、風通しを良くしておく必要があります。

私が直接存じ上げている方では、資生堂の社長・会長を歴任した池田守男氏がサーバントリーダーシップを実践しています。池田氏は神学校を出た経営者です。「資生堂の仕事は社会に貢献している。そして自分はその仕事に貢献している。社員も同じ方向を見て進んでいこう」と明示しています。サーバントリーダーシップは五つのポイントにまとめられそうです。

一、リーダーはその集団をリードするために強いイニシアチブをもつこと
二、リーダーは大きな夢とビジョンをもつこと
三、リーダーは部下の話を傾聴し理解しようとすること
四、リーダーは明確な言語で話し、内容を伝え、自分の会話の中にいつも想像力をもつこと
五、リーダーはものの言い方を磨き、説得上手であること

一つの正しいベクトルを向いてリーダーがまず進み、同じベクトルで部下がすすんで動きだす。そのために、言い方は変ですが、リーダーは「両にらみの目線」をもつ必要がありそうです。片方の目は社会における正しい方向を見る目。もう片方の目は、自分の部下たちの心の底を下から覗こうとする目です。

当然、自己表現のしかたは命令的ではなく話し合い型になります。部下の話に耳を傾ける「傾聴」も必要になります。聖書から好例をひとつどうぞ。

「たらいに水を入れ、弟子たちの足を洗って、腰にまとっておられる手ぬぐいで、ふ

き始められた」（新約聖書・ヨハネの福音書一三章五節）

この弟子の足を洗うイエスさまのやり方こそ、両にらみの良きパフォーマンスでしょう。人類全体の幸福と救済を見る片方の目と、弟子たちの足元を見るもう一つの目。まさにサーバントリーダーシップの代表者がイエスさまだと思われます。

あなたの目線はどこですか？

聖書の知恵

9

たらいに水を入れ、弟子たちの足を洗って、腰にまとっておられる手ぬぐいで、ふき始められた。

新約聖書・ヨハネの福音書一三章五節

みんなちがって、みんないい

同僚とのつきあい方

検察庁で組織ぐるみのデータ改ざんの不正があったり、相撲部屋では組織ぐるみの賭博の横行があったり、同じ職業の人が集まっている組織のなかでの不正が起こることがあります。なぜそうなるのでしょうか？

パフォーマンス心理学の重要なキーワードに、「社会的アイデンティティ」ということばがあります。人々がその人の所属する社会的カテゴリーから、大部分そのアイデンティティ（自己の意味や自己の概念）を引き出しているという考え方です。

だから、相撲集団にいる人はお相撲さんらしく、検察集団の人は検察官らしくなるというわけです。とはいえ、同じ集団のなかだって厳密に全員が金太郎飴とは限らないのですが、それでも価値観が似ていて話しやすく、外部的にまずいことがあれば、一緒になって隠したりしがちです。

さらに困ったことに、ひとつの業界の価値観、情報だけに凝り固まり、同じ集団内でも自分と異なる人を受け入れたり、異なる人から学ぶという姿勢が少なくなりがちです。自分と同じ価値観を押しつけたり、自分と違う言動をする人をハネつけたりする悪い癖も出てきやすくなります。

自分よりはるかに頭や容貌の良い人をねたんだり、自分より何もかも劣っている人をバカにしたりして、「なんでも自分と揃《そろ》うこと」を求めていく傾向も強くなります。教会も例外ではありません。

そこで、聖書には仲間や教会員と付き合うときの素晴らしいヒントがあります。

「一つのからだには多くの器官があって、すべての器官が同じ働きはしないのと同じように、大ぜいいる私たちも、キリストにあって一つのからだであり、ひとりひとり互いに器官なのです」（新約聖書・ローマ人への手紙一二章四、五節）（中略）「兄弟愛をもって心から互いに愛し合い、尊敬をもって互いに人を自分よりまさっていると思いなさい」（同

一〇節）

相手は自分とはずいぶん考え方も条件も違うけれど、自分より勝っている何かを持っているのではないか、そう思って人を見ることができれば、相手を尊敬できます。あるいは、相手は自分のできるようなことはまったくダメだけれど、自分とは別の種類の才能を持っているのではないか、と思って目を凝らしてみると、その人はおもしろい才能をいろいろ持っていたりもします。何をしても頭の回転が遅くてイライラすると感じた相手に、何かのときに、ホッとするひと言をもらったりすることもあるでしょう。

一生の間に自分と違う人をどれだけたくさん心に受け入れていくか、結局、そんな気持ちが同僚や仲間とうまくやって、人生を豊かにする鍵になるでしょう。

私が好きな金子みすずさんの詩「私と小鳥と鈴と」のなかに、「みんなちがって、みんないい」という有名なことばがあります。なんと優しいことばでしょうか。これは、私のパフォーマンス学三十年の信念でもあり、クリスチャンとしての私の毎日の目標でもあります。

同質の人を受け入れるのは簡単。でも異質の人に心を開いていく一年であれば、この一年でもあなたのおつき合いはぐんと広がることでしょう。

ねたんでいませんか？

聖書の知恵

10

兄弟愛をもって心から互いに愛し合い、尊敬をもって互いに人を自分よりまさっていると思いなさい。

新約聖書・ローマ人への手紙一二章一〇節

高ぶらず、卑下し過ぎず

ママ友との上手な付き合い方

四月、子どもが幼稚園や小学校に入るとともに、お母さんもまた新しく、新入生気分になります。楽しいこともあるけれど、まわりのお母さんたちに、何かと気を遣う日々が始まります。

そんな一か月が過ぎたころ、よくママたちから私に相談のメールやお手紙がきます。

「公園デビューが恐い」

「初めて会うママ友になんとあいさつしていいかわかりません」

「ママ友とうまくいかず、気になってノイローゼ気味です」

「こちらが言ったことを誤解されて、悪口を言われてしまいました」

昔のたくましいお母さん像からは、考えられないようなご相談です。理由を簡単に言えば、まず第一に、少子化のなかで育ってきたお母さん自体が、年齢的には大人になり、妻になり、母にもなったけれど、顔が違うように考え方もまったく違う「初対面の他人の同性」に対して、どう振舞ったら一番いい人間関係づくりが完成するか、というレッスンを受けてこなかったということが大きいのです。

第二には、地域社会のつながりが減ったことです。要するに、家族のなかで相手の気持ちを読み取りながら上手に自己主張して欲しいものを手に入れたり、地域のなかで周りの人のものの言い方を見ながら自分の自己表現のモデルにする、時には言い方が悪くてしかられる、というチャンスが減ってしまったのです。だから、コミュニケーションのレッスンが足りないゆえの自己表現の未熟さがあって、せっかく出産や子育ての共通体験のある同性の友に会うチャンスなのに、緊張してしまいます。

「相手が自分をどう思うかしら」とそれが不安になり、のびのびした自己表現ができません。逆に、必要以上に自分を大きく見せようとして、心理学でいう「自己高揚的自己呈示」をしてしまう場合もあります。「うちの子はすごいのよ」とか、父親の仕事をチラリと自慢げに言ってしまうのもそのたぐいです。結果的には、「見栄っ張りネ」と思われて嫌われてしまいます。逆に、下から出すぎて「私は何もわからないので皆さまよろしく」と「自己卑下的自己呈示」になって、相手から尊敬されなかったり、うっとうしがられたりもします。そうならないためには、次の三点をおすすめします。

第一は、お母さんという体験自体が神さまに与えられた素敵で偉大なことであり、それを共通体験している目の前の相手も本当に素晴らしい人たちなのだと、心からの尊敬心と自信を持つことです。

第二は、共通体験があるからこそ、人間関係づくりの第一条件「共感」が得られやすい仲間たちだという意識を持つこと。

第三は、自分を実物大で伝えること。高ぶらず、卑下し過ぎず、「かわいい赤ちゃんを持ったひとりのふつうの女性」として、素直に相手に微笑みかけ、話しかけてみましょう。こんなことができると、ママ友は非常に貴重な、生涯にわたる助け合いの仲間になる可能性が十分あるものです。聖書のなかに、こんなことばがあります。

「憎しみは争いを引き起こし、愛はすべてのそむきの罪をおおう」（旧約聖書・箴言一〇章一二節）

愛しあい、尊敬し合いながら、神さまに託された素敵なお仕事をさせていただきましょう。

同性の友達とうまくいってますか？

聖書の知恵

11

憎しみは争いを引き起こし、愛はすべてのそむきの罪をおおう。

旧約聖書・箴言一〇章一二節

子どもが失敗したときこそ

父と息子

私の友人のS会長は、日本でも大手で知られるスーパーマーケットの代表でした。彼はいったん息子にこの会社を継がせてみたのですが、息子は失敗も多く、仕事のやり方についての意見の違いもあり、父が注意をしても息子は聞かずに、外の会社に行ってしまいました。

事業の継承に限らず、父にとっての男の子の育て方は、常に難しいもののようです。同性の「オス」としてのライバル心や過度の期待もあるのだろうと思われます。そのため、つい自分の流儀を押しつけたり、事細かな注文をつけるのかもしれません。これが子どもにとっては非常に煩わしいモノだったりします。

青年期に入って「自律欲求」を強く持ち、親からの独立心が強くなるのに、一方で社会的経験が不足しているゆえに失敗も多い息子は、なかなか実際に苦い体験をするまでは、父の気持ちがわかりません。

母と娘の間にも同じような傾向はあるのですが、歴史的に長く社会で仕事をして闘ってきて、「攻撃欲求」が女性より強い男性のほうが、この傾向が強そうです。

理想的な、息子に対する父親の姿勢は、基本的には「息子といえども別の個人である」という認識をしっかり持って、失敗するかもしれないけれど、自由にやらせてみることでしょう。

たとえ顔かたちや体形が父親と似ていても、息子は父親とまったく別の能力を持っていますし、自由にやった結果、父親よりもうまく成功する場合もあります。

一番大切なのは、失敗したときに「それ見たことか」と言わずに、失敗したときこそ「じゃあ、もう一度お父さんのもとへ戻っておいで」と温かく迎える懐の大きさでしょう。

トロントの知的障害者のコミュニティ「ラルシュ」を訪れたとき、建物に入った瞬間に、壁一面にかけてある大きな壁画に圧倒されました。それは、レンブラントの「放蕩《ほうとう》息子の帰還」だったのです。赤いマントを着た父親のもとにひざまずいて、赦しを請うている息子、それを身をかがめて温かく抱きかかえるようにしている父親。有名なルカの福音書の「放蕩息子」がモチーフです。

ルカの福音書では、放蕩を尽くしたあげく、一文無しになって、「使用人として働かせてもらおう」と思って、父親のもとに帰ってきた息子を、父親は玄関からはるかに遠くのほうまで出ていって迎えて抱きしめます。

「ところが、まだ家までは遠かったのに、父親は彼を見つけ、かわいそうに思い、走り寄って彼を抱き、口づけした」（新約聖書・ルカの福音書一五章二〇節）

いつ帰ってくるかもしれない息子なのに「今か、今か」と、きっと父親はその日もまた、ドアの外まで見に行っていたのでしょう。だから、遠くのほうから息子の姿がわかったのに違いありません。

そして、「いったい何をしていたのだ！」とか「それ見たことか」と一切言わずに、かわいそうに思って走り寄り、彼を抱きしめています。

父と息子の関係は同性のライバルとして、お互いに難しい闘争心も働くのかもしれませんが、少し距離を取って自由にさせてあげ、「息子が失敗したときこそ親の出番だ」くらいの気持ちで見守っていたほうが、ことに現代はいいのかもしれません。

父と息子はライバル？

聖書の知恵 12

父親は彼を見つけ、かわいそうに思い、走り寄って彼を抱き、口づけした。

新約聖書・ルカの福音書一五章二〇節

エピローグ

友だちづきあい、同僚、上下関係のつきあい、父と息子、母と娘、兄弟姉妹のつきあい、近所づきあい……。読み返してみると、本当にいろいろな人づきあいについて、本書では書いてきました。

これらの人づきあいにおいて、自分が相手に積極的に関わっていくことを、パフォーマンス心理学では「関与（コミットメント）」と呼びます。

自分から人に対してどうかかわっていくか、どんなことばを使い、どんな顔をして、どんなタイミングで、どんな声で何を言うことが、いちばん相手との関係づくりに役立つのか。そのことを、本書では具体的に書いてきました。

昔であれば、これらのことは家族の中やご近所づきあいの中で、自然に習得していったことです。でも、核家族化とコンピューター文化が災いし、当たり前のように自然に身につけていくことがなかなかできない社会になってしまいました。

だから、私たちはそれを学問としてきっちり学び、いつも繰り返してやってみて、自分にこの考え方と作業を習慣づけていく必要があります。思えば、大変な時代になったものです。

でも、自分が生きている時代を「大変だ、大変だ」と言っていても、何も得ることはないでしょう。「大変な時代である」にもかかわらず強く生きていくことこそ、今必要なことです。「困難にもかかわらず、笑って生きていく」という覚悟が必要です。私はこんな時の笑いに、「にもかかわらずのスマイル」というニックネームをつけたくらいです。

実は、私は二〇〇一年に「もう死んでしまうほうがいいかもしれない」と思うくらい苦しい体験をしました。そのとき、どん底に落ちた私がたどり着いたのが、聖書でした。翌年、洗礼を受けてクリスチャンになったのです。

「クリスチャンになる前となってからでは、何がいちばん変わりましたか」と、よく多くの人々に聞かれます。

それは、自分が生きていくことがとても楽になったことです。難しい判断をするときに、「神さま、これでいいでしょうか？」と、ひとこと言いながら天を仰ぐと、いつもそこからすてきな答えが降ってきます。これで、私はずいぶんと自分の肩の荷が下りたような気がしています。

そんな中で固まってきた考えが、本著でも書いた「ＡＴＴ（明るく・楽しく・自他のためになる）」という、パフォーマンス心理学のコンセプトです。これは、パフォーマンス心理学のモットーであり、私の人生のモットーでもあります。

本著を通して、「明るく・楽しく・自他のためになる」気持ちの持ち方と、自己表現ができる人々が増えていくこと、ＡＴＴの仲間が増えていくことを、心から楽しみにしています。

二〇一一年秋

佐藤 綾子

聖書に学ぶ　人づきあい力

2011年11月10日発行
2019年11月 1 日再刷

著　者　　佐藤 綾子

発　行　　マナブックス
発　売　　いのちのことば社
　　　　　〒164-0001　東京都中野区中野 2-1-5
　　　　　編集　Tel.03-5341-6924
　　　　　営業　Tel.03-5341-6920
　　　　　　　　Fax.03-5341-6921
　　　　　ホームページ　http://www.wlpm.or.jp

印刷・製本　　モリモト印刷株式会社

ISBN 978-4-264-02936-6 C0011

佐藤 綾子

さとう・あやこ

日本大学藝術学部教授。博士(パフォーマンス学・心理学)。信州大学教育学部、ニューヨーク大学大学院パフォーマンス研究学科卒業。上智大学大学院文学研究科博士課程修了。1980 年、日本初のパフォーマンス学創始。以降、各種ビジネスブレインとして幅広く活躍中。『55 歳は分かれ道』(飛鳥新社)『2秒で愛される人になる』(幻冬舎)など。本著が 163 冊目にあたる。「佐藤綾子のパフォーマンス学講座 ®」を主宰。
http://www.spis.co.jp/seminar
佐藤綾子へのメッセージはこちら
sato@spis.co.jp